Volume 2

BIBLIOTECA DO GESTOR

Vantagem Competitiva
e Criação de Valor

TÍTULO ORIGINAL
Vantagem Competitiva e Criação de Valor - Volume II

© Manuel Alberto Ramos Maçães e Conjuntura Actual Editora, 2017

Todos os direitos reservados

AUTOR
Manuel Alberto Ramos Maçães

CONJUNTURA ACTUAL EDITORA
Sede: Rua Fernandes Tomás, 76-80, 3000-167 Coimbra
Delegação: Avenida Engenheiro Arantes e Oliveira, n.º 11 – 3.º C
1900-221 Lisboa – Portugal
www.actualeditora.pt

DESIGN DE CAPA
FBA.

PAGINAÇÃO
Edições Almedina

IMPRESSÃO E ACABAMENTO
PAPELMUNDE, SMG

Abril, 2017

DEPÓSITO LEGAL
424256/17

Toda a reprodução desta obra, por fotocópia ou outro qualquer processo, sem prévia autorização escrita do Editor, é ilícita e passível de procedimento judicial contra o infrator.

BIBLIOTECA NACIONAL DE PORTUGAL – CATALOGAÇÃO NA PUBLICAÇÃO

MAÇÃES, Manuel Alberto Ramos, 1946-

Vantagem competitiva e criação de valor. – (Biblioteca do gestor ; 2)
ISBN 978-989-694-219-9

CDU 658

Volume 2

BIBLIOTECA DO GESTOR

Vantagem Competitiva
e Criação de Valor

ACTUAL

Índice

Lista de Figuras 7

Prefácio 9

Capítulo 1 – Análise do Ambiente Competitivo 13

    Ambiente Externo das Organizações 16
    Ambiente Imediato ou Específico 17
    Clientes 18
    Concorrentes 18
    Fornecedores 22
    Mercado laboral 23
    Ambiente Mediato ou Geral 24
    Ambiente demográfico 24
    Ambiente sociocultural 25
    Ambiente politico-legal 26
    Ambiente tecnológico 26
    Ambiente global 27
    Ambiente económico 28
    Ambiente competitivo 29
    Resumo do Capítulo 30

Questões. 31
Referências 32

Capítulo 2 – Análise Interna e Criação de Valor 33

Recursos, Capacidades, Competências e Vantagem Competitiva 36
Teorias da Vantagem Competitiva 40
Teoria Baseada nos Recursos 41
Teoria Baseada nas Atividades 42
Teoria Associada à Dificuldade de Imitação 43
Teoria Baseada no Conhecimento. 44
Análise Interna e Gestão da Cadeia de Valor 45
A Análise Interna e Cultura Organizacional 51
Análise Interna e Estrutura Organizacional 57
Determinantes da Estrutura Organizacional 59
Desenho de uma Estrutura Organizacional 62
Tipos de Estruturas Organizacionais. 64
Estrutura Funcional. 66
Estrutura Divisional 67
Estrutura Divisional por Produtos 69
Estrutura Divisional por Áreas Geográficas. 69
Estrutura Divisional por Mercados 70
Estrutura Matricial 71
Estrutura Híbrida. 72
Estrutura Internacional 74
Desenho Organizacional para o Século XXI. 75
Resumo do Capítulo 77
Questões. 79
Referências 80

Lista de Figuras

Figura 1.1 Dimensões do Ambiente Externo 17

Figura 2.1 Fontes de Vantagem Competitiva 37

Figura 2.2 Curva de Economias de Escala
e Curva de Experiência 44

Figura 2.3 Cadeia de Valor Tipica de uma Indústria 46

Figura 2.4 Cadeia de Valor de Porter 48

Figura 2.5 Tipos de Cultura Organizacional 53

Figura 2.6 Tipos de Cultura Organizacional 55

Figura 2.7 Organograma 58

Figura 2.8 Fatores que Determinam a Estrutura
Organizacional 59

Figura 2.9 Estrutura Simples 65

Figura 2.10 Estrutura Funcional 66

Figura 2.11 Estrutura Divisional por Produtos. 69

Figura 2.12 Estrutura Divisional por Áreas Geográficas 69

Figura 2.13 Estrutura Divisional por Mercados 70

Figura 2.14 Estrutura Matricial. 71

Figura 2.15 Estrutura Híbrida 73

Figura 2.16 Estrutura Internacional. 74

Figura 2.17 Organização Virtual 76

Prefácio

A gestão é uma área do conhecimento das ciências sociais muito recente, na medida em que só a partir dos anos 80 ganhou a maioridade e o estatuto de autonomia relativamente à economia. Para compreendermos este fenómeno basta atentarmos no facto de que, até essa altura, apenas havia cursos de economia, contabilidade e finanças nas nossas universidades e institutos politécnicos, que continham nos seus planos de curso algumas disciplinas de áreas afins à gestão, mas não havia cursos específicos de gestão.

Nos finais do século XX e início do século XXI assistiu-se a um crescimento exponencial da gestão, seja pelo aumento das necessidades das empresas, motivado pela complexidade dos problemas que começaram a ter que enfrentar, em virtude designadamente do fenómeno da globalização e do aumento da concorrência internacional, seja pela forte atração dos candidatos pelos inúmeros programas de licenciatura e pós-graduação em gestão que proliferam pelas universidades e institutos politécnicos. Os números falam por si e os cursos de gestão são dos que motivam maior interesse dos jovens candidatos ao ensino superior e que continuam a oferecer maiores oportunidades de empregabilidade.

Presume-se, por vezes, que os bons gestores têm qualidades inatas e que apenas precisam de pôr em prática essas qualidades para serem bons gestores, relegando-se para segundo plano o estudo das teorias e técnicas de gestão. Nada de mais errado e perigoso. A gestão estuda-se e os bons gestores fazem-se aplicando na prática a teoria. Os princípios de gestão são universais, o que significa que se aplicam a todas as organizações, sejam grandes ou pequenas, públicas ou privadas, com fins lucrativos ou sem fins lucrativos. A boa gestão é necessária em todas as organizações e em todas as áreas de negócio ou níveis organizacionais.

Esta postura de se pensar que, para se ser bom gestor, basta ter bom senso e caraterísticas inatas de liderança é errada, tem um preço elevado e é responsável pelo fracasso e falência de inúmeras empresas e organizações. Ao contrário da opinião generalizada, que advoga a inutilidade dos conhecimentos teóricos, há estudos que comprovam a relação benéfica da teoria com a prática e que há inúmeros casos, em Portugal e no estrangeiro, de empresas bem geridas por executivos com forte formação teórica e académica.

Esta **miopia de gestão**, mesmo entre os gestores, justifica, por si só, a apresentação desta biblioteca do gestor.

O objetivo desta coleção, de que este é o primeiro volume, é facultar a estudantes, empregados, patrões, gestores de todos os níveis e investidores, de uma forma acessível, as principais ideias e desenvolvimentos da teoria e prática da gestão. As mudanças rápidas que se verificam no ambiente dos negócios, a nível interno e internacional, pressionam as organizações e os gestores no sentido de procurarem novas formas de resposta aos novos desafios, com vista a melhorar o desempenho das suas organizações. Este livro, bem como os restantes da coleção, visa também estimular o gosto dos estudantes e gestores pelos assuntos da gestão, ao apresentar no final de cada capítulo questões específicas para discussão de cada tópico.

Ao elaborar esta coleção, tivemos a preocupação de ir ao encontro das necessidades que hoje se colocam aos gestores e de tornar o texto relevante e facilmente percetível por estudantes e gestores menos versados em temas de gestão. Além de sistematizar os desenvolvimentos da teoria da gestão, desde a sua origem até aos nossos dias e de estudar as funções do gestor, nesta coleção são apresentados e discutidos os principais métodos, técnicas e instrumentos de gestão nas áreas da produção, do marketing, da gestão financeira e da gestão dos recursos humanos, para além da preocupação de fazer a ligação da teoria com a prática. Daí a razão da escolha do título para a coleção...

Capítulo 1
Análise do Ambiente Competitivo

O desenvolvimento de uma estratégia implica a análise dos fatores externos que condicionam ou podem afetar a sua estratégia. Este capítulo tem por objetivo apresentar uma análise do ambiente externo em que as organizações operam. A análise do ambiente externo tem a ver com o conjunto de fatores que, direta ou indiretamente, afetam o desempenho das organizações. Todas as empresas, independentemente da sua dimensão, localização ou missão, operam num ambiente externo competitivo. Não surpreende, por isso, que o ambiente externo desempenhe um papel decisivo no sucesso ou insucesso das organizações. Os gestores devem ter um completo e adequado conhecimento do seu meio envolvente e esforçar-se por operar e competir nesse ambiente competitivo.

O ambiente interno é composto pelos elementos internos da organização, como a gestão, os trabalhadores, a cultura organizacional, a tecnologia, a estrutura organizacional e os equipamentos físicos, como as instalações. Esses elementos influenciam a adequação da organização ao meio envolvente externo e consequentemente o seu desempenho.

A análise do ambiente interno privilegia a gestão da cadeia de valor e o papel da cultura da organização, da tecnologia de produção e da estrutura organizacional. A cultura organizacional tem vindo a assumir um papel crescente nas organizações porque tem influência na maneira como os colaboradores interagem entre si e como se empenham nos objetivos da organização.

Depois de ler e refletir sobre este capítulo, o leitor deve ser capaz de:

- Definir o ambiente organizacional e destacar a sua importância para a gestão.
- Identificar e descrever os principais componentes do ambiente externo no contexto organizacional.
- Descrever o ambiente interno onde o gestor deve funcionar.
- Analisar os principais elementos da cultura organizacional e destacar a cultura organizacional como elemento definidor do ambiente interno.

Ambiente Externo das Organizações

Todas as organizações ou empresas, independentemente da sua dimensão, localização ou missão, operam num determinado meio ambiente. Este ambiente consiste no conjunto de forças externas à organização que a podem afetar. Dada a sua importância no sucesso ou insucesso das organizações, os gestores devem ter um conhecimento completo e adequado do seu meio envolvente e operar e concorrer nesse ambiente.

A Figura 1.1 mostra as principais dimensões e elementos do ambiente externo e de que forma afetam os negócios, muito especialmente nos tempos turbulentos que atravessamos. O ambiente externo inclui o **ambiente específico ou**

imediato da indústria em que a organização opera e sobre o qual exerce algum controlo e o **ambiente geral ou mediato** que afeta toda a indústria e sobre o qual a organização não tem qualquer poder de influenciar.

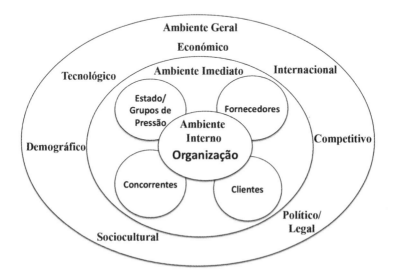

Figura 1.1 Dimensões do Ambiente Externo

Neste capítulo vamos analisar a natureza das forças externas e a forma como afetam o funcionamento da organização. Estas forças estão em permanente mudança e por isso constituem oportunidades e ameaças para os gestores.

Ambiente Imediato ou Específico

O ambiente imediato inclui os *stakeholders* que têm uma relação direta com a organização, como os clientes, os concorrentes, os fornecedores, o mercado do trabalho e o Estado.

De uma forma geral, as organizações procuram ter relações próximas com os seus clientes, estabelecer relações fortes com os seus fornecedores e diferenciar-se dos seus concorrentes.

Clientes

Os clientes são indivíduos ou grupos de pessoas ou organizações que adquirem os produtos ou serviços da organização. Como tal, são muito importantes porque determinam o sucesso da organização. Os clientes hoje têm um grande poder sobre as organizações, porque a oferta da generalidade dos produtos e serviços excede a procura e a concorrência é muito forte. Acresce que hoje há formas muito fáceis de aceder aos produtos em boas condições de preço e qualidade, como é o caso das vendas pela *internet (e-commerce)*, que cada vez assumem uma maior importância no volume de negócios das empresas.

A *internet* representa uma grande oportunidade para as empresas, na medida em que permite facilmente, e sem custos, alargar a base de clientes a todo o mundo, mas constitui também uma ameaça, porque os clientes insatisfeitos podem afetar diretamente a reputação da organização, através do passa palavra e da publicação de referências pouco abonatórias em *sites ou blogs*.

Concorrentes

Os concorrentes são organizações que oferecem os mesmos produtos ou serviços, produtos ou serviços similares ou produtos ou serviços substitutos na área de negócio em que a empresa opera. Concorrentes são outras organizações que operam na mesma indústria e que fornecem produtos ou serviços ao mesmo conjunto de clientes. Cada indústria tem o seu nível específico de concorrência. Cada gestor deve conhecer o nível de concorrência da sua indústria e as atividades dos principais concorrentes, designadamente no que se refere ao desenvolvimento de novos produtos para poderem preparar uma resposta à altura e atempada. Estudos comprovam que a distração sobre as atividades dos concorrentes constitui uma das principais causas do fracasso ou insucesso de muitos negócios.

Para perceber bem um concorrente é importante encontrar respostas para as seguintes questões:

1. Porque temos concorrentes? Estão a ganhar dinheiro?
2. Onde acrescentam valor? Têm alta qualidade, baixo preço, boas condições de crédito ou prestam um melhor serviço?
3. Em que clientes nossos eles estão mais interessados?
4. Qual o nível de custos e qual a situação financeira dos nossos concorrentes?
5. Os concorrentes estão menos expostos aos seus fornecedores do que nós?
6. Os fornecedores dos nossos concorrentes são melhores do que os nossos?
7. O que eles pensam fazer no futuro? Têm um plano estratégico para atacar os nossos segmentos de mercado?
8. Como a sua atividade pode afetar a nossa estratégia? Devemos ajustar a nossa estratégia ou os nossos planos?

9. Em que temos que ser melhores para batermos os nossos concorrentes?
10. Quem tem vantagem competitiva no mercado? Nós ou eles?
11. Poderão aparecer novos concorrentes ou novas ideias nos próximos anos?
12. Quem são os potenciais novos entrantes?
13. Se fosse um cliente, preferiria o nosso produto em relação aos produtos oferecidos pelos nossos concorrentes?

Para responder a estas e outras questões, os profissionais de *business intelligence* utilizam técnicas e instrumentos de gestão estratégica, como a análise SWOT, o modelo das cinco forças competitivas de Porter, o modelo BCG, entre outros, que analisaremos em volumes seguintes.

Embora a **intensidade competitiva** entre os concorrentes existentes no mercado seja a principal ameaça à rendibilidade das empresas existentes no mercado, o **potencial de entrada de novos concorrentes** é também uma ameaça importante. Concorrentes potenciais são organizações que não estão ainda no mercado mas que têm potencialidades e recursos para entrarem se pretenderem fazê-lo. Quando novos concorrentes entram no mercado, a concorrência aumenta e os preços e a rendibilidade tendem naturalmente a diminuir.

A facilidade de entrada numa nova indústria é inversamente proporcional à natureza das barreiras existentes na indústria. Barreiras à entrada são fatores que tornam difícil ou encareçam a entrada de novos concorrentes numa indústria, como regulamentos governamentais ou elevados investimentos que só estão ao alcance de grandes organizações. Quanto maiores forem as barreiras à entrada, menos são os potenciais concorrentes e menores serão as ameaças de concorrência. Com menor concorrência é mais fácil obter clientes e preços mais favoráveis.

As barreiras à entrada existentes numa indústria resultam fundamentalmente de três fontes: **economias de escala, fidelização à marca e regulamentações governamentais** que impedem ou limitam a entrada de novos concorrentes numa indústria.

Economias de escala são vantagens pelos custos associadas a grandes operações. As economias de escala resultam de fatores como produções em grande escala, compra de recursos em melhores condições e a preços mais baixos ou dispor e fazer melhor utilização dos recursos organizacionais e humanos do que os concorrentes.

Fidelização à marca é a preferência dos clientes pelos produtos ou serviços das empresas já existentes no mercado. Se as organizações já existentes no mercado gozam de significativa fidelização à marca, então os potenciais entrantes vão ter muita dificuldade e ficará muito caro obter quota de mercado. Os novos entrantes vão ter que fazer elevados investimentos em promoção e publicidade para conseguirem entrar no mercado, tornando o investimento demasiado arriscado. Quando o grau de fidelização às marcas existentes no mercado é muito elevado, não é pela prática de um preço ligeiramente mais baixo que os clientes trocam de produto. Por exemplo, um cliente não muda de banco pelo facto de apresentar ligeiras reduções da taxa de juro.

Noutros casos, as **regulamentações governamentais**, designadamente de natureza ambiental, funcionam como barreiras à entrada, quer ao nível da indústria, quer mesmo ao nível do país de destino do investimento. Muitos setores que foram liberalizados, como a energia ou telecomunicações, viram a entrada de um elevado números de novos concorrentes, o que forçou as empresas existentes nesses setores a reverem as suas estratégias e as políticas de preços e a tornarem-se mais eficientes, sob pena de se verem forçadas a abandonar o mercado.

Ao nível nacional e global, as barreiras à entrada consistem no estabelecimento de especificações técnicas ou restrições alfandegárias que limitam a importação de determinados produtos, como acontece em Espanha, Estados Unidos da América ou Brasil relativamente a alguns produtos portugueses.

Fornecedores

Os fornecedores são os indivíduos ou organizações que fornecem os recursos, como as matérias-primas e outros materiais, que as organizações precisam para incorporar nos seus produtos ou serviços. Muitas empresas têm poucos fornecedores com os quais procuram construir relações fortes, tendo em vista assegurar as melhores condições de fornecimento em termos de preço, prazos de entrega, condições de pagamento e qualidade dos materiais fornecidos.

As relações entre fabricantes e fornecedores têm sido tradicionalmente adversas, mas hoje em dia os gestores interiorizaram que a cooperação é a chave para pouparem dinheiro, manterem a qualidade dos seus produtos e mais rapidamente poderem colocar os seus produtos no mercado.

Mudanças na natureza, no número ou no tipo de fornecedores resultam em forças que se traduzem em oportunidades ou ameaças, às quais os gestores devem reagir para que as suas organizações tenham vantagem competitiva sustentável. Por exemplo, uma importante ameaça surge quando o poder negocial dos fornecedores é tão forte que podem aumentar os preços, alargar o prazo de entrega ou mesmo exigir o pagamento antecipado do fornecimento sem que as empresas tenham possibilidades de facilmente substituir os seus fornecedores. Os fornecedores têm um forte poder negocial quando são os únicos fornecedores da empresa e o recurso é crucial para a organização.

Pelo contrário, quando a organização tem muitos fornecedores para um determinado recurso, está numa posição forte para negociar com esses fornecedores e exigir preços baixos, qualidade dos produtos e cumprimento dos prazos de entrega.

Mercado laboral

O mercado laboral representa as pessoas no mercado que podem ser contratadas pela organização. Todas as organizações necessitam de uma oferta qualificada e experiente de pessoas capazes de desempenhar as tarefas da organização. Os sindicatos, as associações patronais e a disponibilidade de certas categorias de trabalhadores podem influenciar o mercado laboral da organização. As forças do mercado de trabalho que afetam as organizações dos nossos dias são a crescente necessidade de literacia em meios informáticos e tecnologias de comunicação, a necessidade de investimento contínuo nas pessoas, através de um recrutamento cuidadoso, de formação e aperfeiçoamento e a facilidade de mobilidade da mão-de-obra.

Ambiente Mediato ou Geral

O ambiente externo mediato ou geral inclui os fatores demográficos, os fatores politico-legais, os fatores tecnológicos, os fatores socioculturais, o ambiente global dos negócios, o ambiente económico e o ambiente competitivo. Por sua vez, o ambiente económico doméstico refere-se ao ambiente em que a organização conduz os seus negócios e de onde obtém os seus resultados.

Ambiente demográfico

A demografia refere-se à composição de uma população e define-se por variáveis como a estrutura etária, o género, a distribuição geográfica, a dimensão das famílias, o nível educacional e as profissões. Os fatores demográficos afetam a composição do mercado e as caraterísticas dos clientes, o que naturalmente influencia a oferta de produtos e serviços.

As mudanças na composição demográfica influenciam as estratégias das empresas a vários níveis: composição da oferta mais orientada para a população de idade com maior poder de compra, composição do mercado do trabalho, potenciais consumidores. Considerando a continuidade das tendências verificadas em Portugal de diminuição da taxa de natalidade e do aumento da longevidade da população, é de esperar que nas próximas décadas a população portuguesa apresente uma estrutura etária envelhecida, o que terá consequências inevitáveis ao nível das estratégias das empresas.

Dada a sua importância, as empresas devem considerar as tendências demográficas da população na formulação e implementação das suas estratégias relativas a recursos humanos, *marketing*, produção e outras áreas funcionais.

Ambiente sociocultural

O ambiente sociocultural inclui os costumes, os valores e as caraterísticas demográficas da sociedade e é constituído por instituições e outras forças que afetam os valores básicos da sociedade, as perceções, as preferências e os comportamentos dos consumidores. Os fatores socioculturais condicionam a conduta nos negócios porque determinam os padrões de consumo e o tipo de produtos e serviços a produzir e que a sociedade está disposta a aceitar.

As mudanças dos valores sociais forçam as empresas a adaptar-se às novas condições, nomeadamente desenvolvendo novos produtos, quer para mercados de consumo, quer para mercados industriais. Por exemplo, a procura crescente por parte dos consumidores de uma alimentação saudável obriga as empresas a promover as suas linhas de produtos biológicos. De igual modo, no mercado dos produtos industriais a procura crescente de programas de lazer e bem-estar, que reflete as mudanças nos valores sociais, obriga as empresas a desenvolver produtos para essa área de negócio. O aumento do número de mulheres no mercado do trabalho e o aumento dos reformados com elevado poder de compra, devem ser acompanhados por uma maior atenção por parte dos responsáveis de marketing com políticas adequadas às condições do mercado. Estas novas tendências refletem as mudanças socioculturais, as crenças e as ideias que moldam a sociedade moderna, a que as empresas devem responder com estratégias adequadas.

Ambiente politico-legal

O ambiente politico-legal é constituído pelo conjunto de leis, regulamentos e organismos governamentais que condicionam, limitam ou incentivam a atividade económica e social de um país. O desenvolvimento das variáveis politico-legais, como a estabilidade política, as políticas económicas, a legislação governamental, a política fiscal e os investimentos públicos em infraestruturas e logística, que visam proteger as empresas, os consumidores e a sociedade, afeta profundamente a estratégia e as decisões de marketing. Por exemplo, as limitações à libertação de CO_2 ou a imposição de utilização de determinado tipo de energias, ou ainda as convulsões sociais no país ou em países para onde as empresas exportam uma parte significativa das suas exportações, têm profundas implicações na atividade das organizações.

Ambiente tecnológico

O ambiente tecnológico consiste no conjunto de forças que criam novas tecnologias, novos produtos e novos serviços e novas oportunidades de mercado, com o objetivo final de criar valor para os clientes. É talvez a força mais dramática que marca o destino das organizações, uma vez que o aparecimento de novas tecnologias torna os produtos existentes rapidamente obsoletos e induz mudanças no estilo de vida dos consumidores. Por sua vez, as mudanças no estilo de vida estimulam muitas vezes o aparecimento de novos produtos que induzem ao aparecimento de novas tecnologias

A tecnologia inclui o conhecimento humano, os métodos de trabalho, os equipamentos físicos, os equipamentos eletrónicos e de comunicações e vários sistemas que contribuem para melhorar a rendibilidade dos negócios. O ambiente tecnológico muda muito rapidamente, pelo que os responsáveis de marketing devem estar atentos à evolução das tendências da tecnologia.

As mudanças nas tecnologias de informação estão a mudar rapidamente a natureza do trabalho das organizações e a alterar as próprias funções dos gestores. A *intranet*, o *email* e a videoconferência permitem supervisionar e coordenar as funções de colaboradores geograficamente dispersos.

Ambiente global

O ambiente global refere-se às forças internacionais ou oportunidades de mercado provenientes de países que afetam os negócios da organização. O ambiente internacional inclui, nomeadamente, os acordos de comércio internacional, as condições económicas internacionais, a instabilidade política, novos concorrentes, clientes e fornecedores internacionais. Hoje em dia, as empresas concorrem numa base global, pelo que os fatores internacionais têm uma importância acrescida.

A queda das barreiras comerciais, com o aparecimento de organizações criadas com o objetivo de liberalizar o comércio internacional, como a Organização Mundial do Comércio (OMC), criou enormes oportunidades comerciais, mas também impõe uma série de ameaças, porque aumenta a concorrência internacional ao permitir que empresas de outros países concorram no mercado doméstico.

O crescente poder económico da China e da Índia no panorama internacional tem mudado drasticamente o ambiente internacional dos negócios. Estes dois países, juntamente com o Brasil e a Coreia, têm população, capacidades e dinamismo suficientes para mudar o panorama económico mundial no século XXI. Crê-se que, se as coisas correrem como até aqui, a China ultrapassará o poder económico dos Estados Unidos e a Índia ultrapassará a Alemanha em poucas décadas.

Ambiente económico

O ambiente económico refere-se às condições existentes no sistema económico, que afetam o poder de compra e os padrões de consumo dos consumidores. Os países e regiões variam muito nos seus níveis e distribuição de rendimento. Alguns países têm economias de subsistência, que oferecem poucas oportunidades de mercado, enquanto outros são economias industriais evoluídas, que constituem bons mercados para os diferentes produtos. Se a economia está a crescer e a população está empregada, então uma empresa em crescimento terá que pagar salários mais elevados e oferecer mais benefícios para atrair trabalhadores de outras empresas, mas se existe muito desemprego, então a empresa poderá pagar salários mais baixos e oferecer menos benefícios.

As condições económicas influenciam os planos de marketing no que se refere à oferta do produto, preço e estratégias de promoção, uma vez que determinam os padrões de despesa dos consumidores, das empresas e dos governos. Os responsáveis de marketing têm que estar atentos às principais tendências do mercado e aos padrões de consumo, tanto no país como nos seus mercados internacionais, para onde encaminham as suas exportações. Devem considerar as variáveis económicas nos seus planos de marketing como, por exemplo, se o país está em expansão ou recessão, o nível do produto interno bruto (PIB), as taxas de câmbio, as taxas de juro, a inflação, o nível salarial, as tarifas de importação ou exportação, a taxa de desemprego ou os custos da energia. Devem monitorizar o ciclo económico e antecipar as tendências dos consumidores para se adaptarem internamente às novas condições do mercado.

Fracas condições económicas tornam o ambiente externo mais complexo e as funções dos gestores mais difíceis. As empresas podem ter necessidade de reduzir os efetivos e os custos de produção através de uma utilização mais eficiente dos seus recursos.

Os bons gestores prestam muita atenção ao que acontece nas economias nacional e internacional e conseguem perceber rapidamente os efeitos que as alterações das forças económicas produzem nas suas organizações, a fim de se adaptarem rapidamente a essas alterações.

Ambiente competitivo

Num ambiente competitivo dinâmico como o que vivemos, os responsáveis de marketing devem convencer os compradores que devem comprar os produtos da sua empresa em vez dos produtos da concorrência. Os responsáveis de marketing, no desenvolvimento dos seus programas, devem ter em conta as condições económicas, dado que os recursos dos consumidores ou compradores são limitados e cada euro gasto num produto não pode ser disponibilizado para compras de outros produtos. O objetivo dos programas de marketing é tornar os seus produtos mais atrativos para o cliente, quer em termos de qualidade, quer em termos de preço.

Resumo do Capítulo

A análise do ambiente externo envolve a monitorização, a recolha e a avaliação da informação, de modo a compreender a situação atual e as tendências do meio envolvente que podem afetar a organização. A informação obtida nesta fase é utilizada para projetar a empresa no futuro. O fator chave de sucesso das organizações é não assumir que a indústria se manterá na mesma como até agora, mas assumir que muda e que se preverem a evolução futura estarão em melhores condições de enfrentar as mudanças ou ameaças do meio envolvente.

É a capacidade de prever a evolução do meio envolvente externo que distingue os líderes dos gestores e os bons dos maus gestores.

Questões

1. Descreva o ambiente externo e defina em que medida afeta o sucesso ou o insucesso de uma organização.
2. Distinga entre ambiente externo imediato e ambiente externo mediato.
3. Quais são as forças do meio envolvente externo que criam incerteza às organizações no mundo atual?
4. Alguns autores afirmam que a importância de cada uma das várias forças do meio envolvente externo difere de indústria para indústria. Concorda? Justifique.
5. Se estivesse a ser entrevistado para um lugar numa empresa e se fosse questionado sobre a importância do conhecimento das forças do meio envolvente, como responderia?

Referências

Daft, R. L., Kendrick, M. & Vershinina, N. ((2010), Management, South-Western, Cengage Learning EMEA, United Kingdom.

Jones, G. & George, J. (2011), Contemporary Management, 7th edition, McGraw-Hill/Irwin, New York.

Robbins, S. P. & Coulter, M. (2014). Management, Twelfth Edition, Pearson Education, Inc. Upper Side River, New Jersey.

Capítulo 2
Análise Interna
e Criação de Valor

Analisar e avaliar a envolvente externa de uma organização, para determinar as oportunidades e ameaças do mercado, não é suficiente para assegurar vantagem competitiva. É necessário também analisar o ambiente interno da organização, a fim de identificar os recursos, capacidades e competências de que dispõe, determinar em que medida é capaz de potenciar as suas forças e limitar as suas fraquezas e criar vantagem competitiva sobre os seus concorrentes.

Neste capítulo, vamos apresentar os principais fundamentos da análise interna, para identificar os principais pontos fortes (forças) e pontos fracos (fraquezas) de uma organização que fundamentam a definição e implementação de uma estratégia competitiva. Será feita a análise da cadeia de valor, decompondo uma unidade de negócios nas suas atividades estratégicas relevantes, com o objetivo de identificar as fontes de vantagem competitiva sustentável, relativamente aos concorrentes.

Depois de ler e refletir sobre este capítulo, o leitor deve ser capaz de:

– Saber avaliar os recursos, capacidades e competências de uma organização.

- Distinguir competências nucleares de competências distintivas.
- Saber determinar as competências distintivas de uma organização.
- Identificar os fatores internos fonte de vantagem competitiva sustentável.
- Usar a análise da cadeia de valor como instrumento de avaliação de vantagem competitiva de uma organização.
- Saber como uma organização pode ganhar vantagem competitiva sustentável.

Recursos, Capacidades, Competências e Vantagem Competitiva

Os fatores diferenciadores de uma unidade de negócio dão origem ao conceito de vantagem competitiva. Uma empresa tem vantagem competitiva quando é capaz de criar valor, isto é, quando gera um excedente das saídas (*outputs*) relativamente às entradas (*inputs*) utilizadas na produção.

Os fatores diferenciadores que geram vantagem competitiva resultam das diferenças que a empresa seja capaz de conseguir relativamente aos seus concorrentes. Estas diferenças podem resultar de diferentes atividades, dos investimentos que realiza, que permitem produzir a custos mais baixos, da forma como combina as atividades ou os investimentos e da forma como diferencia o produto relativamente aos concorrentes (Figura 2.1):

CAPÍTULO 2 – ANÁLISE INTERNA E CRIAÇÃO DE VALOR

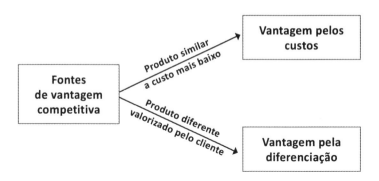

Figura 2.1 Fontes de Vantagem Competitiva

Na literatura sobre estratégia pode encontrar-se diferentes definições de vantagem competitiva. Porter define vantagem competitiva como "o melhor desempenho das atividades estratégicas de uma organização relativamente aos concorrentes". Segundo Porter, o que diferencia uma empresa de outra é o conjunto de atividades que desempenha e quais as que desempenha melhor que os concorrentes.

Um conceito mais adequado para medir a vantagem competitiva a nível da empresa é o conceito de **criação de valor**, que compara a rendibilidade obtida pela empresa com o custo de oportunidade dos investimentos realizados. O custo de oportunidade do produto deve incluir todos os custos associados à sua produção e venda mais a remuneração do capital investido, que inclui o risco do negócio.

A **vantagem pelos custos** consiste em produzir a custos unitários mais baixos que os concorrentes e obter vantagem, quer vendendo a preços mais baixos, quer obtendo margens mais favoráveis. A redução de custos pode ser obtida através da ação individual ou conjugada dos seguintes efeitos:

- **Efeito de economias de escala** – especialização e divisão do trabalho, que permite produzir a custos mais baixos.
- **Efeito da curva de aprendizagem** – melhorias organizacionais e rotinas de trabalho que são possíveis de obter em produções em grande escala.
- **Melhoria das técnicas de produção** – inovação e reengenharia.
- **Capacidade de utilização** – redução dos custos unitários fixos.
- **Eficiência de gestão** – liderança, motivação, eficiência.

A **diferenciação** traduz-se na capacidade de fornecer alguma coisa diferente que é valorizada pelos clientes e pela qual estão dispostos a pagar mais caro. A chave da diferenciação consiste em criar valor para o cliente.

A diferenciação pode ser:

> **Tangível** – tem a ver com as caraterísticas do produto, como tamanho, cor, materiais, desempenho, embalagem e serviços complementares.
> **Intangível** – tem a ver com as caraterísticas não observáveis e subjetivas, como *status*, identidade da marca e desejo de exclusividade (marca).

As marcas de automóveis de luxo, como a Mercedes, BMW, Audi ou a Jaguar, fazem uso desta estratégia, procurando constantemente diferenciar-se dos seus concorrentes, através de inovações tecnológicas que melhoram o conforto e a segurança dos seus modelos.

As empresas recorrem também muitas vezes ao uso de estratégias híbridas, ou seja, combinam estratégias de baixo custo (*low cost*) e de diferenciação em pacotes atrativos que criam valor para o cliente. É o caso do IKEA que tem um modelo de negócio baseado no conceito de design – mobiliário atrativo, de boa qualidade, barato e extremamente funcional.

Outro fator que é fonte de vantagem competitiva é o uso de novas tecnologias de informação, como a *internet* e o e-commerce, que permite aos gestores e aos trabalhadores obter melhores desempenhos nas suas funções, qualquer que seja o nível hierárquico na organização. É hoje imperativo das melhores empresas a busca de novas tecnologias de informação que as possam ajudar a construir vantagem competitiva sustentável.

As melhores empresas, como a Microsoft, a Hitachi ou a Apple e outras empresas, utilizam exclusivamente sistemas electrónicos de comunicação, como o e-mail, a internet e a videoconferência, acessíveis através de computadores pessoais, para desenvolver vantagem competitiva.

Capacidade é a aptidão de uma empresa utilizar os seus recursos. Consiste no conjunto de processos e rotinas que gerem as interações entre os recursos para transformar os *inputs* em *outputs*. As capacidades situam-se ao nível de cada função ou área funcional da empresa. Pode haver capacidades de marketing, capacidades de produção, capacidades de gestão financeira e capacidades de gestão de recursos humanos.

A **competência** refere-se à integração e coordenação das capacidades. Por exemplo, uma competência no desenvolvimento de um novo produto numa divisão pode resultar de várias capacidades, como capacidades ao nível da produção, do marketing ou da investigação e desenvolvimento (I&D) existentes na divisão.

Mas não basta que uma empresa tenha vantagem competitiva. É preciso que tenha **vantagem competitiva sustentável**, ou seja, que permita explorar continuamente os recursos disponíveis e desenvolver competências nucleares e competências distintivas que salvaguardem a empresa das ameaças dos seus concorrentes. As **competências nucleares** são competências transversais à organização e é tudo o que a organização faz bem. Quando as competências são superiores aos concorrentes designam-se por **competências distintivas**.

Prahalad & Hamel (1990) definem as capacidades ou competências distintivas como a aprendizagem coletiva numa organização, como a coordenação das capacidades produtivas e a integração das tecnologias.

As competências distintivas são fonte de vantagem competitiva sustentável e, para serem sustentáveis, devem ter os seguintes atributos (Barney, 2014): ter valor para o cliente (***Valuable***), ser raras (***Rare***), o que significa que nenhum concorrente tem essas competências, ser difíceis de imitar (***Inimitable***) e a organização estar preparada para explorar os recursos (***Organization***). Se a resposta a cada um destes atributos é positiva para uma determinada competência, então é considerada ser um trunfo e fonte de vantagem competitiva.

Teorias da Vantagem Competitiva

Existem diferentes teorias que procuram explicar a sustentabilidade das vantagens competitivas, a saber:

Teoria Baseada nos Recursos

Esta teoria enfatiza a existência de recursos e competências de uma empresa, que permitem a formação de capacidades distintivas e tornam possível obter vantagem competitiva. Os recursos correspondem geralmente a ativos tangíveis (instalações, terrenos, equipamentos, força de vendas, recursos financeiros, etc.), enquanto as capacidades e competências se referem às aptidões e conhecimentos da empresa (organização, inovação, cultura da empresa, reputação, etc.).

Peteraf & Barney (2003) distinguem três condições que devem ser satisfeitas simultaneamente para que a empresa tenha vantagem competitiva sustentável:

1. **Heterogeneidade de recursos e/ou capacidades** – as empresas numa indústria podem ser heterogéneas no que respeita aos recursos que controlam. Empresas diferentes têm recursos e capacidades diferentes.
2. **Limites à concorrência** *ex-ante e ex-post* – devem existir forças que limitem a concorrência. Há dois fatores críticos que limitam a concorrência *ex-post*: imitabilidade e substituibilidade imperfeitas. O registo de direitos de propriedade e as patentes tem também como finalidade proteger as empresas do fenómeno da imitação e limitar a concorrência.
3. **Mobilidade imperfeita dos recursos** – alguns recursos não podem ser transacionados no mercado dos fatores, ou porque são especializados e satisfazem necessidades específicas das empresas ou porque são difíceis de acumular e de imitar.

Recursos heterogéneos são recursos a que não tem acesso qualquer empresa. A heterogeneidade dos recursos pode persistir ao longo do tempo, porque os recursos usados para implementar as estratégias não têm uma mobilidade perfeita entre empresas, isto é, alguns recursos não podem ser transacionados no mercado dos fatores e são difíceis de guardar e de imitar. A heterogeneidade dos recursos de que disponha uma empresa pode resultar de diversas fontes como barreiras à mobilidade, diferenciação de produtos, investigação e desenvolvimento, dimensão, entre outras.

A heterogeneidade dos recursos é considerada uma condição necessária para que os recursos contribuam para ter vantagem competitiva sustentável e gerar resultados económicos positivos. A heterogeneidade é condição necessária de vantagem competitiva sustentável, mas não suficiente. Para ser sustentável é necessário haver limites à concorrência.

As empresas que disponham de recursos ou capacidades superiores são capazes de produzir a custos médios mais baixos e de satisfazer melhor as necessidades dos consumidores.

Teoria Baseada nas Atividades

Para Michael Porter, a vantagem competitiva de uma empresa baseia-se no seu sistema de atividades, tanto atividades individuais como a forma como se combinam e se complementam. De acordo com Porter, a estratégia consiste em realizar e combinar as atividades de uma maneira melhor que os concorrentes. A primeira condição para que haja uma adequada combinação de atividades é que haja consistência entre cada atividade e a estratégia da empresa.

Se a estratégia da empresa for a liderança pelos custos, as atividades individuais da empresa têm que estar de acordo com esse objetivo.

Segundo Porter, a complementaridade estratégica entre as diversas atividades é a chave para conseguir vantagem competitiva sustentável, dado que é muito mais difícil para os concorrentes imitar um conjunto de atividades interrelacionadas do que imitar algumas atividades individuais.

Teoria Associada à Dificuldade de Imitação

Ghemawat, num artigo intitulado *"Sustainable Advantage"*, publicado em 1986 na *Harvard Business Review*, argumenta que a chave para manter vantagem competitiva sustentável é a impossibilidade de imitação. De acordo com este autor, o sucesso de um negócio depende da sua capacidade para manter a sua vantagem competitiva a longo prazo. Aspectos como a inovação do produto e dos processos de produção e de marketing não representam, na maioria dos casos, vantagens competitivas sustentáveis, mas apenas vantagens temporárias, dado que são altamente imitáveis num mundo cada vez mais global e competitivo.

Para Ghemawat, as vantagens que tendem a ser sustentáveis e, consequentemente, difíceis de imitar, estão associadas às seguintes três categorias: **dimensão da empresa**, melhores condições para **angariação de recursos** ou **bons clientes** e **restrições que enfrentam os concorrentes**. Os benefícios da dimensão podem resultar da necessidade de fazer grandes investimentos, só ao alcance das grandes empresas ou se existem sinergias que resultem de ser grande, como economias de escala ou curva de experiência.

A Figura 2.2 mostra uma função de custos que representa economias de escala até um determinado nível de produção (redução dos custos unitários de produção em resultado da diluição dos custos fixos por produções em maior escala) e a curva típica de experiência, em que se verifica a redução de custos e o aumento da eficiência em consequência da experiência adquirida.

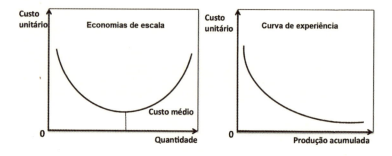

Figura 2.2 Curva de Economias de Escala e Curva de Experiência

Teoria Baseada no Conhecimento

Como evolução da teoria baseada nos recursos emerge a teoria baseada no conhecimento, em que o principal ativo distintivo das empresas é o conhecimento. Conhecimento é considerado um recurso muito especial que não pode ser amortizado, como acontece na linha da economia tradicional dos fatores produtivos e pode proporcionar rendibilidades crescentes. A natureza dos recursos baseados no conhecimento é essencialmente intangível e dinâmica. A teoria baseada no conhecimento considera o conhecimento o recurso mais significativo em termos estratégicos, porque é difícil de imitar e um dos principais determinantes de vantagem competitiva sustentável e de superior desempenho das organizações. De acordo com esta teoria, a capacidade de uma empresa criar valor não se baseia tanto nos seus recursos tangíveis, materiais e financeiros, mas mais no conjunto de recursos intangíveis, baseados no conhecimento. Assim, as empresas que podem gerar e manter rendibilidades superiores são aquelas que possuem uma dotação de conhecimento organizativo associado ao processo de criação de valor que seja escasso ou insubstituível.

Análise Interna e Gestão da Cadeia de Valor

Para avaliar a estratégia futura de uma empresa é importante fazer uma análise interna da empresa. A análise interna visa identificar e analisar as atividades, operações e processos que a empresa realiza, com o objetivo de identificar possíveis fontes de vantagens competitivas sobre as quais deve basear a sua estratégia.

A cadeia de valor refere-se à ideia de que uma empresa é uma cadeia de atividades funcionais que transformam os inputs em produtos ou serviços. Este processo é composto por inúmeras atividades funcionais e operacionais, que começa pela aquisição de matérias-primas aos fornecedores, passa pela projeção e controlo dos processos de produção, pela distribuição dos produtos aos clientes e termina no serviço pós-venda. Cada atividade acrescenta valor ao produto, o que permite que a empresa cobre um valor superior aos clientes.

A cadeia de valor é essencialmente uma forma de análise das atividades de uma empresa, mediante a qual se decompõe uma unidade de negócios nas suas atividades estratégicas relevantes, com o objetivo de identificar as suas fontes de vantagens competitivas e de diferenciação relativamente aos concorrentes.

A análise sistemática das atividades individuais da cadeia de valor permite ter um melhor conhecimento das forças (*core competencies*) e fraquezas internas da empresa (*core deficiencies*). De acordo com Porter, "*as diferenças entre as cadeias de valor dos concorrentes são a fonte chave de vantagem competitiva*".

A cadeia de valor permite descrever a empresa como uma série de atividades, processos ou operações interrelacionadas, em que cada uma delas é um elo de uma cadeia que explica a forma como a empresa gera a sua margem.

O êxito da estratégia de uma empresa baseia-se fundamentalmente na consistência das inter-relações das atividades que leva a cabo num meio envolvente hostil e competitivo. A Figura 2.3 apresenta uma cadeia de valor típica de uma indústria transformadora:

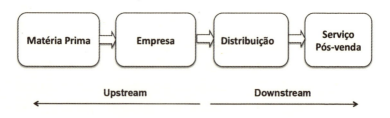

Figura 2.3 Cadeia de Valor Tipica de uma Indústria

Na maioria das indústrias, produzir e disponibilizar os produtos aos compradores implica construir relações com os parceiros a montante (*upstream*) e a jusante (*downstream*) da cadeia de valor. Os segmentos *upstream* referem-se às atividades a montante na indústria, como o fornecimento de matérias-primas, de componentes, partes ou outros elementos necessários para poduzir um produto. Os segmentos *downstream* referem-se às atividades de marketing que fazem a ligação da empresa com o mercado e os seus clientes.

Cada empresa tem a sua própria cadeia de valor. Para identificar as atividades da cadeia de valor, Porter separa as **atividades principais ou primárias,** que começam com a logística de entrada (movimentação de matérias-primas e armazenagem), passa pelo processo produtivo em que o produto é manufaturado e continua pela logística de saída (armazenagem e distribuição) até às atividades de marketing e serviço pós-venda, das **atividades de suporte ou de apoio.** As atividades de suporte ou apoio, como as compras de matérias-primas, máquinas e abastecimentos (*procurement*), investigação e desenvolvimento tecnológico (I&D), gestão de recursos humanos e infraestruturas (contabilidade, finanças, planeamento estratégico) garantem que as atividades primárias da cadeia de valor sejam executadas de forma eficaz e eficiente.

As atividades primárias intervêm diretamente no processo de construção de valor da empresa. Estão associadas aos processos de fabricação do produto ou serviço e à comercialização do mesmo, incluindo a venda e o serviço pós-venda (Figura 2.4):

Figura 2.4 Cadeia de Valor de Porter

Entre as **atividades primárias** mais frequentes encontram-se:

a. **Logística interna ou de entrada** – são atividades associadas à aquisição de matérias-primas e outros materiais. Contempla atividades como a receção de materiais, armazenagem, distribuição pelas diferentes etapas do processo produtivo, controlo de inventários de matérias-primas e devoluções de materiais.
b. **Operações** – são atividades associadas ao processo de transformação de materiais em produtos ou serviços, incluindo os produtos intermédios e produtos em vias de fabrico. Considera aspetos como a planificação e programação da produção, processos operativos, manutenção de equipamentos, controlo de qualidade e gestão de produtos defeituosos.
c. **Logística externa ou de saída** – são atividades relacionadas com o transporte da produção para o armazém de produtos acabados e expedição dos produtos

até ao ponto de receção pelo cliente. Inclui atividades como receção de produtos acabados, gestão de inventários de produtos acabados, distribuição do produto até às instalações do cliente, gestão da frota de distribuição, processamento das encomendas e programação das entregas.
d. **Marketing e vendas** – são atividades associadas ao processo de comercialização dos produtos e serviços. Inclui atividades como a seleção e gestão dos canais de distribuição, planificação e execução de campanhas de promoção e publicidade, gestão da força de vendas, estabelecimento de políticas comerciais e de crédito e determinação da política de preços.
e. **Serviço pós-venda** – são atividades associadas com a gestão das relações com o cliente. Inclui atividades como a gestão de garantias e gestão das relações comerciais com os clientes.

As atividades de apoio são as atividades que permitem que as atividades primárias se desenvolvam da melhor maneira. Apesar de cada empresa ter atividades de apoio diferentes, as mais comuns são:

a. **Infraestruturas** – refere-se às atividades de apoio geral à atividade da empresa. Incluem atividades e processos gerais, como o planeamento, a contabilidade, o apoio jurídico, entre outros.
b. **Gestão dos recursos humanos** – refere-se às atividades relacionadas com a seleção, recrutamento, formação, desenvolvimento de carreiras e compensação das diferentes pessoas que constituem a empresa.

c. **Investigação & Desenvolvimento** – refere-se às atividades que visam o desenvolvimento de conhecimentos, processos, sistemas e qualquer atividade relacionada com a melhoria e inovação de novos produtos ou serviços.
d. **Compras** – refere-se às atividades relacionadas com a aquisição de recursos necessários ao desenvolvimento da empresa.

A análise da cadeia de valor de uma empresa envolve as seguintes três etapas:

1. Análise da cadeia de valor de cada linha de produto em termos das várias atividades envolvidas na produção do produto ou serviço. Que atividades podem ser consideradas trunfos (competências nucleares) ou fraquezas (deficiências nucleares)? Alguma das competências nucleares proporciona vantagem competitiva sustentável (competências distintivas)?
2. Análise das ligações da cadeia de valor em cada linha do produto.
3. Análise das sinergias potenciais entre as cadeias de valor das diferentes linhas de produtos ou diferentes unidades de negócio.

Uma indústria pode ser analisada em termos de margem de lucro gerada em cada ponto da cadeia de valor. A análise sistemática das atividades individuais da cadeia de valor pode levar a um melhor conhecimento das forças e fraquezas da empresa e dos pontos da cadeia geradores de lucros e de prejuízos.

A Análise Interna e Cultura Organizacional

O ambiente interno de uma organização inclui a cultura organizacional, a tecnologia de produção e a estrutura organizacional. A **cultura organizacional** é um sistema de valores e de crenças mantidos e compartilhados por uma organização, que influencia o comportamento e o modo de atuação dos membros da organização.

A cultura organizacional é o cimento que une a organização e fornece a chave para a implementação da estratégia. Muitas estratégias concentram-se num ativo ou numa competência organizacional, como o nível de qualidade, o serviço de apoio a clientes, ou numa área funcional, como a produção ou o marketing. Uma cultura forte pode dar suporte se for congruente com a estratégia e a estrutura. Caso contrário, as motivações e as normas da cultura podem prejudicar a estratégia.

A congruência da estratégia com a cultura da organização é mais preocupante do que o ajustamento da estratégia com outros componentes organizacionais, porque a cultura é muito difícil de mudar. Estratégias e planos de diversificação incompatíveis com a cultura da empresa estão condenados ao fracasso.

A cultura organizacional tem vindo a assumir um papel crescente nas organizações em virtude da crescente instabilidade do meio envolvente e porque influencia, não só a maneira como os empregados interagem entre si, mas também a própria estratégia global da empresa. Tal como os indivíduos, em que cada um tem uma personalidade própria, cada organização tem uma identidade única, que é a sua cultura organizacional, formada pelas experiências partilhadas pelos membros da organização, pelos valores e pelos comportamentos que caraterizam a organização.

Uma tipologia comum nas pesquisas relativas à cultura organizacional distingue **culturas organizacionais fortes** de **culturas fracas**. Uma cultura organizacional forte significa que os valores chave são intensamente partilhados pelos membros da organização e orienta os colaboradores no sentido de atingirem objetivos comuns. Uma cultura organizacional forte ajuda os novos colaboradores a adquirirem rapidamente os valores da organização. Pelo contrário, nas organizações com culturas fracas, o impacto destas nos colaboradores é menor, não existindo valores significativos a compartilhar.

A cultura organizacional influencia a filosofia e o estilo de gestão. Os gestores devem considerar cuidadosamente o tipo de cultura que pretendem para as suas organizações. Em primeiro lugar, devem ter um entendimento claro do tipo de cultura das suas organizações. Em segundo lugar, devem comunicar claramente a cultura da organização a todos os elementos da organização. Os novos elementos da organização devem conhecer bem a cultura organizacional e adaptar-se a ela, porque não é a cultura que se adaptará a eles. Os gestores podem manter e preservar a cultura da organização incentivando e promovendo os colaboradores que compreendem a cultura da organização e trabalham para manter essa cultura.

A fonte da cultura organizacional reflete, muitas vezes, a visão do fundador. Por exemplo, empresas como Walt Disney, Hewlett-Packard, Salvador Caetano, IMVT, Banco BPI, SA e Cafés Delta, refletem a personalidade e o timbre dos seus fundadores. Noutros casos, a cultura organizacional é forjada ao longo de muitos anos pela persistência de uma estratégia empresarial consistente.

Deshpandé, Farley & Webster (1993) desenvolveram um modelo que permite examinar o tipo de cultura de uma organização e a sua influência no estilo de gestão, distinguindo quatro tipos de culturas organizacionais, segundo duas dimensões:

1. Orientação para o interior ou para o exterior da organização.
2. Tipo de respostas às mudanças do meio envolvente.

As quatro categorias de culturas organizacionais associadas a estas duas dimensões são **adhocracia, cultura de mercado, hierarquia** e **clã** (Figura 2.5):

	PROCESSOS ORGÂNICOS (Flexibilidade, espontaneidade)	
	CLÃ	**ADHOCRACIA**
Posição interna (Atividades regulares)	**Valores dominantes**: coesão, participação, trabalho de grupo, equidade, abertura **Estilo de liderança**: mentor, facilitador **Estilo processamento da informação**: discussão, participação consensual **Ênfase estratégica**: desenvolvimento recursos humanos, envolvimento, moral	**Valores dominantes**: empreendedorismo, Criatividade, adaptabilidade, autonomia, experimentação **Estilo de liderança**: empreendedor, inovador **Estilo processamento da informação**: Conhecimento, flexibilidade, **Ênfase estratégica**: inovação, Crescimento, novos recursos
	HIERARQUIA	**MERCADO**	Posição externa (Concorrência/ Diferenciação)
	Valores dominantes: ordem, regras, regulamentos, uniformidade **Estilo de liderança**: coordenador, administrador **Estilo processamento da informação**: regras, políticas, procedimentos, documentação, computação **Ênfase estratégica**: estabilidade, operações simples	**Valores dominantes**: competitividade, objetivos, empenhamento, diligência **Estilo de liderança**: decidido, empenhado **Estilo processamento da informação**: orientado para os objetivos, produção, concorrência **Ênfase estratégica**: vantagem competitiva, Superioridade no mercado
	PROCESSOS MECANICISTAS (Controlo, ordem, estabilidade)	

Figura 2.5 Tipos de Cultura Organizacional

Os quatro tipos de cultura organizacional indicados na Figura 2.5 podem caraterizar-se como segue:

> As **adhocracias (culturas empresariais)** são orientadas externamente e enfatizam os processos orgânicos. Valorizam o empreendedorismo, a criatividade e a adaptabilidade. A flexibilidade e a tolerância são importantes. A eficácia é avaliada em termos da procura de novos mercados.
> As **culturas de mercado (culturas competitivas)** são também orientadas para o exterior e enfatizam os processos mecanicistas. Valorizam a competitividade e os objetivos. As transações são reguladas por mecanismos de mercado. A eficácia é avaliada em termos de produtividade.
> As **hierarquias (culturas burocr**áticas) são orientadas para o interior da organização e enfatizam os processos mecanicistas. Valorizam as regras e os regulamentos. As transações são reguladas por fiscalização, avaliação e direção. A eficácia é avaliada em termos de consecução de objetivos claramente definidos.
> As **clãs (culturas consensuais)** são orientadas internamente e enfatizam os processos orgânicos. Valorizam a lealdade, a coesão, a participação e os grupos de trabalho. A confiança é importante. A eficácia é avaliada em termos de coesão organizacional e de satisfação pessoal.

Cada tipo de cultura organizacional tem diferentes mecanismos de processamento da informação sobre as mudanças do meio envolvente em que a organização se insere e tem influência sobre todas as funções de gestão: planeamento, organização, estilos de liderança e controlo. São os gestores que se devem adaptar à cultura da organização e não a cultura da organização que se deve adaptar ao estilo de liderança dos gestores.

Outras correntes doutrinárias, ao analisarem a influência dos valores culturais na gestão, consideram importantes as seguintes dimensões:

1. A medida em que o ambiente externo requer estabilidade ou flexibilidade.
2. A medida em que a estratégia da organização está focada nos fatores externos ou internos.

O adequado balanceamento entre cultura, estratégia e meio envolvente determina os seguintes quatro tipos de cultura organizacional: **adaptabilidade, realização, envolvimento e consistência** (Figura 2.6):

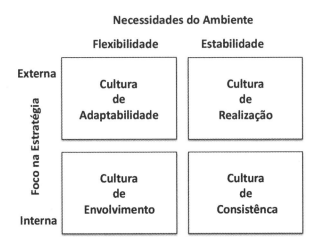

Figura 2.6 **Tipos de Cultura Organizacional**

A **cultura de adaptabilidade** emerge num envolvimento que requer respostas rápidas e tomada de decisões de alto risco. Os gestores encorajam valores que apoiam a capacidade da organização para detetar e responder rapidamente aos sinais do meio envolvente. Os colaboradores têm autonomia para tomar decisões e é valorizada a sua capacidade para encontrar soluções para satisfazer as necessidades dos clientes.

A **cultura de realização** é uma cultura orientada para os resultados em que os valores de competitividade, agressividade, iniciativa pessoal e empenho na realização dos objetivos são valorizados. É uma cultura ajustada a uma organização orientada para servir clientes específicos, mas sem necessidade de uma grande flexibilidade e de mudanças rápidas.

A **cultura de envolvimento** é uma cultura voltada para o interior da organização que valoriza a participação dos trabalhadores em se adaptarem rapidamente às mudanças do meio envolvente. Este tipo de cultura organizacional toma em elevada conta as necessidades dos colaboradores, podendo ser caraterizada pela cooperação e pelo ambiente familiar que se vive na organização. Os gestores enfatizam valores como a cooperação, consideração pelos empregados e pelos clientes e evitam diferenças de estatuto.

Finalmente, a **cultura de consistência** usa o ambiente interno e uma orientação consistente para criar um ambiente de estabilidade. Neste tipo de cultura organizacional cumprir as regras e fazer as coisas com método e ordem são valorizados.

Qualquer uma destas categorias de cultura pode ter sucesso. Muitas vezes, as organizações têm caraterísticas culturais que abarcam mais do que um tipo de cultura. Cabe aos gestores a responsabilidade de incutir os valores culturais que a organização precisa para ter sucesso no mercado.

Análise Interna e Estrutura Organizacional

Para além da cultura organizacional e da tecnologia de produção, a análise do ambiente interno inclui a organização e a estrutura organizacional. A **organização** é a função de gestão que agrupa as tarefas, a estrutura dos recursos, estabelece os mecanismos de comunicação e coordenação das diversas áreas da empresa e que determina quem tem autoridade sobre quem e a que nível se devem tomar as decisões.

Estrutura organizacional é o sistema formal de relações que coordena as atividades de uma organização e determina como os colaboradores usam os recursos para atingir os objetivos. A estrutura organizacional especifica os papéis, as relações entre as pessoas e os procedimentos organizacionais que possibilitam uma ação coordenada dos seus membros.

A estrutura organizacional representa-se graficamente através do organograma (Figura 2.7):

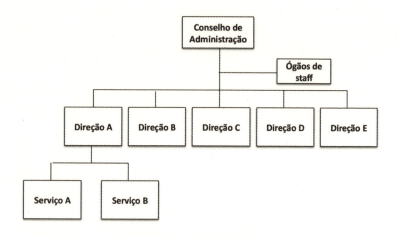

Figura 2.7 Organograma

O organograma mostra os diversos níveis hierárquicos da organização e como se interrelacionam as funções de gestão. Cada retângulo representa a forma como estão distribuídas as tarefas e indica quem é responsável por quê, enquanto as linhas referem-se à cadeia de comando. As organizações, para além de uma estrutura de funções especializadas, precisam também de uma estrutura hierárquica que define os níveis de responsabilidade e de autoridade. A esta hierarquia chama-se cadeia de comando. O conceito de cadeia de comando está associado ao princípio militar de unidade de comando, segundo o qual cada subordinado reporta apenas a um único superior hierárquico, mas este conceito é hoje posto em causa por algumas estruturas modernas.

Determinantes da Estrutura Organizacional

São os gestores de topo quem tem a responsabilidade e o poder de definir o desenho das estruturas organizacionais. Não há uma estrutura ótima que possa ser aplicada a todas as organizações. Muitos fatores assumem um papel determinante na definição da estrutura de uma organização. A melhor estrutura é a que melhor se ajusta aos fatores contingenciais existentes em cada organização, como a missão, a estratégia, a envolvente organizacional, a tecnologia e em particular a tecnologia de informação e as caraterísticas dos recursos humanos (Figura 2.8).

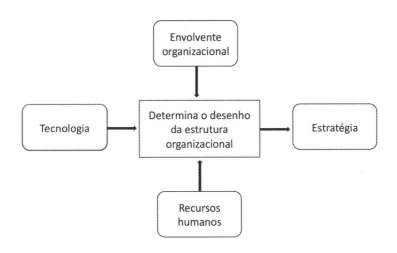

Figura 2.8 Fatores que Determinam a Estrutura Organizacional

Em geral, quanto mais rápidas forem as mudanças do meio envolvente externo e maior for a incerteza, maiores são os problemas que os gestores têm que enfrentar para terem acesso a recursos, que são escassos. Quando as mudanças do meio envolvente são rápidas, as estruturas devem ser mais flexíveis, a tomada de decisão deve ser descentralizada, devem ser valorizadas as funções dos empregados de níveis mais baixos, no sentido de serem atribuídos poderes para decisões operacionais e enfatizar a mudança e a inovação. Pelo contrário, se o ambiente externo é estável, os recursos estão prontamente disponíveis e a incerteza é baixa, há menos necessidade de coordenação e comunicação e a estrutura pode ser mais centralizada e hierarquizada.

Quando os gestores decidem a estratégia devem escolher a melhor estrutura para a implementar. Diferentes estratégias requerem diferentes estruturas organizacionais. Por exemplo, uma estratégia de diferenciação ou de integração vertical necessita de uma estrutura mais flexível e uma cultura de inovação, enquanto uma estratégia de liderança pelos custos, que visa redução dos custos em todas as funções, usualmente pode necessitar de uma estrutura mais formal que permita aos gestores um maior controlo sobre todas as atividades da organização.

Estudos recentes mostram que o desempenho de um negócio é fortemente influenciado pela forma como a estrutura da empresa está alinhada com a sua estratégia, pelo que os gestores devem ter estratégias e estruturas que sejam congruentes (Olson, Slater e Hult, 2005). Alfred Chandler, com base em estudos feitos na DuPont, General Motors, Standard Oil of New Jersey e Sears Roebuck concluiu que a estrutura segue a estratégia, o que significa que a estrutura organizacional é criada com vista a implementar uma dada estratégia corporativa.

A **tecnologia de produção** compreende a combinação de capacidades, conhecimentos, ferramentas, equipamentos, computadores e máquinas usadas na organização para desenhar, produzir e distribuir os produtos e serviços. Por regra, quanto mais complexa for a tecnologia usada por uma organização, mais difícil é o controlo porque mais facilmente podem surgir eventos inesperados. Quanto mais complicada for a tecnologia, mais necessárias são estruturas flexíveis. Pelo contrário, quanto mais rotineira for a tecnologia, mais adequada é a estrutura formal, porque as tarefas são simples e as etapas necessárias para produzir produtos ou serviços são definidas antecipadamente.

Um último fator importante que afeta a escolha da estrutura de uma organização é a qualidade dos seus **recursos humanos**. Em geral, quanto mais qualificados forem os recursos humanos, mais flexível e descentralizada deve ser a estrutura organizacional. Trabalhadores mais qualificados desejam usualmente maior liberdade e autonomia no desenvolvimento do seu trabalho. Quando os gestores desenham a estrutura organizacional devem prestar atenção às necessidades dos trabalhadores e à complexidade e tipo de trabalho que os empregados desempenham.

Em suma, a envolvente externa da organização, a estratégia, a tecnologia e a qualidade dos recursos humanos são fatores que devem ser tidos em consideração pelos gestores ao escolherem o desenho da melhor estrutura para uma organização. Quanto maior for o nível de incerteza do meio envolvente, mais complexas forem a estratégia e a tecnologia usadas e mais qualificados forem os recursos humanos, mais flexível deve ser a estrutura adotada. Quanto mais estável for o meio envolvente, menos complexas forem a estratégia e a tecnologia e menos qualificados forem os recursos humanos, mais formal, hierárquica e controladora pode ser a estrutura.

Desenho de uma Estrutura Organizacional

Uma decisão chave dos sócios das empresas ou dos gestores é a melhor forma de estruturar a empresa. Vimos que a estrutura organizacional é a forma como os empregados são formalmente divididos em grupos para coordenação e controlo do seu desempenho.

O primeiro passo no desenvolvimento da estrutura de qualquer organização ou negócio, pequeno ou grande, envolve três atividades:

> **Especialização** – é o processo de identificar as funções específicas que devem ser feitas e determinar quem as executa.
> **Departamentalização** – determinar como podem ser agrupadas as tarefas de modo a que sejam desempenhadas de forma mais eficiente.
> **Estabelecimento de uma hierarquia de tomada de decisão** – decidir quem terá poderes para tomar decisões e quem depende de quem, ou seja, decidir uma hierarquia de tomada de decisões.

Quando as funções de uma organização são divididas em áreas funcionais homogéneas, os trabalhadores podem especializar-se nas suas funções e podem coordenar melhor a sua atividade com o trabalho desenvolvido pelos outros colaboradores. Quando a organização é muito pequena, o sócio ou o gestor podem desempenhar todas as funções, mas quando a empresa cresce, torna-se necessário dividir e especializar as funções por áreas homogéneas para que possam ser desempenhadas de forma eficiente. A **especialização de funções** é um passo natural no processo de crescimento das organizações.

Depois de especializadas as funções, estas devem ser agrupadas em unidades lógicas, que é o processo de **departamentalização**. A departamentalização permite à empresa tratar cada departamento como um centro de lucro responsável pelos seus próprios custos e resultados. A departamentalização pode fazer-se por produtos, por processos, por funções, por clientes ou por áreas geográficas.

O terceiro passo no processo de desenvolvimento de uma estrutura é o estabelecimento de uma **hierarquia de tomada de decisão**. Alguns gestores pretendem manter o máximo de poder aos mais elevados níveis da estrutura organizacional, enquanto outros procuram delegar o máximo de poder possível nos níveis mais baixos da hierarquia, tendo como resultado a criação de estruturas centralizadas ou estruturas descentralizadas. Empresas descentralizadas tendem a ter relativamente poucos níveis hierárquicos e é uma estrutura típica de pequenas empresas, em que o dono ou gerente detém quase todos os poderes da organização, resultando numa **estrutura organizacional achatada**. Em contrapartida, empresas centralizadas requerem múltiplos níveis de gestão, de que resulta uma **estrutura organizacional alongada**. É natural que à medida que as organizações vão crescendo as estruturas se vão tornando cada vez mais alongadas.

Tipos de Estruturas Organizacionais

As organizações fazem escolhas quando desenham a sua estrutura organizacional. A **organização formal** é uma estrutura do conjunto de grupos de trabalho que foram conscienciosamente formados, com a finalidade de maximizar os objetivos organizacionais, que é o oposto à **organização informal**, constituída pelo conjunto de relações que se estabelecem espontaneamente entre os membros de uma organização.

Talvez o principal desafio que se coloca aos gestores é conceber a forma como os empregados são agrupados – por áreas, por funções, por produtos ou por processos. Há diversas alternativas sobre a forma como desenhar uma estrutura organizacional. As formas mais comuns de estrutura que têm sido desenhadas são as seguintes, consoante o grau de complexidade da organização:

> **Estrutura simples** – não há categorias de produtos ou funções atribuídas a responsáveis funcionais, sendo todas as funções exercidas pelo empresário. É apropriada para empresas muito pequenas, com um patrão dominador e uma ou duas linhas de produtos, que opera num nicho de mercado facilmente identificável (Figura 2.9):

CAPÍTULO 2 – ANÁLISE INTERNA E CRIAÇÃO DE VALOR

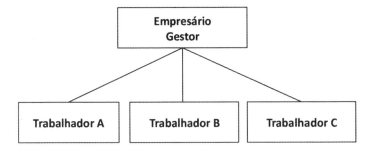

Figura 2.9 Estrutura Simples

Estrutura funcional – baseia-se em agrupar as pessoas por áreas funcionais especializadas da empresa, tais como a produção, marketing, finanças, recursos humanos.

Estrutura divisional – é apropriada para grandes empresas com muitas linhas de produtos em indústrias relacionadas. Os empregados tendem a ser especialistas funcionais de acordo com as distinções do produto ou do mercado.

Estrutura matricial – os gestores agrupam as pessoas simultaneamente por funções e por equipas de produto. Resulta numa rede complexa de relações de reporte e de hierarquia. É muito flexível e pode responder rapidamente à mudança. Cada empregado tem dois chefes, o que pode causar problemas no caso de haver ordens diferentes e incompatíveis, impossibilitando o empregado de poder satisfazer ambas. Na estrutura por equipas de produto não há duas vias de reporte. Os membros estão permanentemente afetos à equipa e empenhados em colocar o produto no mercado.

Estrutura Funcional

Na estrutura funcional as tarefas são agrupadas por áreas funcionais com base no tipo de função organizacional – produção e operações, finanças, recursos humanos, marketing, entre outras – consoante o tipo de empresa e o setor de atividade Todas as atividades relacionadas com a produção são agrupadas na função produção, todas as atividades financeiras são agrupadas na função financeira e as atividades de vendas e marketing são agrupadas na função marketing.

É apropriada para pequenas e médias empresas com várias linhas de produtos numa indústria (Figura 2.10):

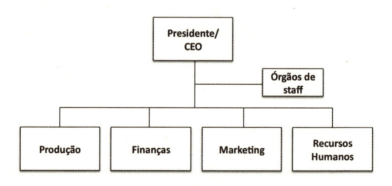

Figura 2.10 Estrutura Funcional

Neste tipo de estrutura, o CEO é responsável pelo comando de toda a empresa e cada gestor intermédio é responsável pela sua área específica. As atividades organizacionais são coordenadas verticalmente através da respetiva linha hierárquica.

A principal vantagem da estrutura funcional é o agrupamento das pessoas de acordo com as suas especializações e competências técnicas, o que facilita a utilização e coordenação dos serviços. Para os trabalhadores também facilita melhores oportunidades de promoção e de desenvolvimento das carreiras. As desvantagens são principalmente o crescimento dos interesses da função, o que pode conflituar com os interesses da organização como um todo e as dificuldades desta estrutura se adaptar a determinadas estratégias como a diversificação do produto ou a dispersão do mercado. A estrutura funcional é provavelmente o tipo de estrutura que melhor se adapta às pequenas e médias empresas e a ambientes relativamente estáveis.

Estrutura Divisional

Quando as empresas começam a diversificar os seus produtos ou mercados, torna-se necessária a criação de departamentos ou divisões responsáveis por cada área de negócio ou por cada segmento de mercado. Surge assim a estrutura divisional que agrega as tarefas de acordo com a estrutura do negócio.

Ao contrário da estrutura funcional, em que as pessoas são agrupadas de acordo com os recursos necessários para que a organização produza os bens ou serviços que constituem a sua atividade, na estrutura divisional os departamentos são agrupados por áreas de negócio ou divisões. Na estrutura divisional, os responsáveis por cada divisão têm sob sua responsabilidade a maioria das funções e recursos necessários para produzir um produto ou serviço. Assim, cada divisão tem as suas próprias direções funcionais, como produção, finanças, vendas e marketing ou recursos humanos.

A principal diferença entre as estruturas funcional e divisional é que a cadeia de comando de cada função converge menos na hierarquia. Na estrutura divisional, os conflitos entre os diversos departamentos devem ser resolvidos ao nível divisional em vez do presidente ou CEO. A estrutura divisional fomenta a descentralização. A tomada de decisão é empurrada para baixo, libertando a administração para a sua função principal de planeamento estratégico.

A estrutura divisional tem-se revelado a mais adequada em organizações de grande dimensão que atuam em várias áreas de negócio e em mercados muito diferentes ou organizações que oferecem produtos ou serviços que utilizam tecnologias diferentes ou estão presentes em áreas geográficas distantes.

A estrutura divisional pode estar organizada por produtos, por áreas geográficas ou por mercados (Figuras 2.11 a 2.13).

CAPÍTULO 2 — ANÁLISE INTERNA E CRIAÇÃO DE VALOR   69

Estrutura Divisional por Produtos

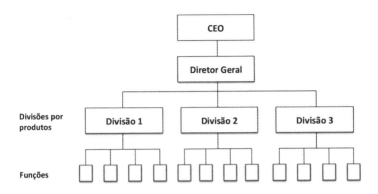

Figura 2.11 Estrutura Divisional por Produtos

Estrutura Divisional por Áreas Geográficas

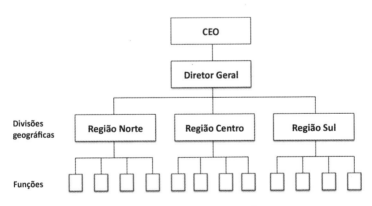

Figura 2.12 Estrutura Divisional por Áreas Geográficas

Estrutura Divisional por Mercados

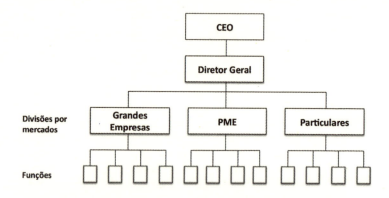

Figura 2.13 Estrutura Divisional por Mercados

A estrutura divisional tem vantagens e desvantagens. Como principais vantagens podemos apontar a melhor distribuição de riscos, uma vez que cada director de uma divisão é responsável por um produto, mercado ou área geográfica. A estrutura divisional permite manter um mais elevado nível de desempenho, com ênfase no resultado, facilita o controlo do desempenho de cada divisão e possibilita um maior conhecimento do cliente e das suas necessidades.

Como desvantagens podemos apontar a possibilidade de os interesses da divisão se sobreporem aos interesses da organização, tornando difícil a coordenação entre divisões, implica uma multiplicação de recursos, uma vez que as funções de gestão são replicadas em cada divisão, pode estimular a concorrência entre divisões pelos recursos da organização e não potenciar as competências técnicas, visto que a especialização funcional ocorre em cada divisão, onde as capacidades são menores do que ao nível de toda a organização.

Estrutura Matricial

A estrutura matricial é um modelo híbrido que procura conjugar as vantagens da estrutura funcional com a estrutura divisional. É usada geralmente por empresas multinacionais para lidar com projetos que precisam de equipas multidisciplinares que agrupam colaboradores de áreas funcionais com colaboradores alocados ao projeto ou divisão. A estrutura matricial combina uma cadeia de comando funcional de natureza hierárquica vertical – produção, finanças, marketing, recursos humanos – com uma cadeia de comando horizontal centrada no projeto ou no produto.

Neste tipo de estrutura dual, cada colaborador têm dois chefes, um que é o gestor do projeto, do produto ou negócio e outro que é o responsável pela área funcional respetiva (Figura 2.14):

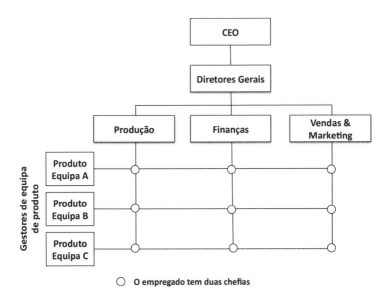

Figura 2.14 Estrutura Matricial

A estrutura matricial resultou da necessidade das grandes empresas se adaptarem às rápidas mudanças ambientais que se verificaram a partir do último quartel do século XX e que exigiam uma maior flexibilidade e capacidade de resposta e de adaptação.

A estrutura matricial, tal como todas as outras, tem vantagens e desvantagens. As principais vantagens são a melhoria da eficiência, porque reduz a dispersão de recursos, permite maior flexibilidade às alterações do meio envolvente, facilita a cooperação entre as áreas funcionais da empresa e promove a discussão e troca de impressões entre os membros da organização.

Como desvantagens, podem apontar-se a dificuldade de coordenação, possibilidade de gerar conflitos, em resultado da dualidade de chefias, perda excessiva de tempo em reuniões para discussão de assuntos e resolução de conflitos, maior dificuldade de apurar responsabilidades e exige uma maior capacidade de relacionamento interpessoal dos gestores.

Estrutura Híbrida

Uma grande organização que tem várias divisões utiliza por vezes estruturas diferentes nas diversas divisões. Uma estrutura deste tipo designa-se por **estrutura híbrida**. A maioria das grandes organizações usa estruturas divisionais, mas os directores gerais de cada divisão podem adotar internamente a estrutura que melhor se adapta ao seu negócio, que tem características específicas e diferentes das outras divisões. Por exemplo, o responsável por uma divisão de produto pode adotar uma estrutura funcional e o responsável de outra divisão pode adotar uma estrutura diferente, funcional ou divisional por área geográfica ou por equipas de produto, com o objectivo de melhorar a capacidade de resposta aos clientes.

A Figura 2.15 ilustra uma estrutura híbrida:

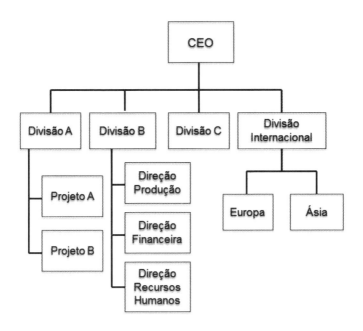

Figura 2.15 Estrutura Híbrida

Conforme se verifica pela Figura 2.15, este organograma representa quatro divisões independentes, cada uma delas com estruturas diferentes. A divisão A tem uma estrutura por equipas de projecto, a Divisão B tem uma estrutura funcional e a Divisão Internacional tem uma estrutura por áreas geográficas.

Estrutura Internacional

Nos últimos anos têm surgido diferentes tipos de estruturas de organização internacional em resposta às necessidades de produção, compra e venda nos mercados globais. Algumas empresas adotam estruturas verdadeiramente globais, nas quais adquirem recursos, produzem bens e serviços, investigam e desenvolvem novas tecnologias (I&D) e vendem os produtos nos locais e mercados mais convenientes, sem quaisquer preocupações de nacionalidade. Até há poucos anos atrás, a General Electric mantinha os negócios internacionais como divisões separados, como mostra a Figura 2.16, mas agora as funções da empresa estão integradas numa organização global:

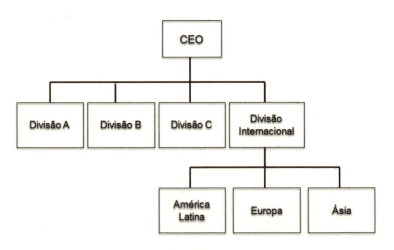

Figura 2.16 Estrutura Internacional

Tal como acontece com a generalidade das empresas globais, as divisões da General Electric em todo o mundo interagem constantemente umas com as outras e os gestores e executivos transitam livremente de umas para outras em função dos interesses da empresa.

Desenho Organizacional para o Século XXI

Num mundo dos negócios cada vez mais complexo, as empresas têm que se adaptar e procuram novas formas de organização que permitam competir com sucesso e ganhar vantagem competitiva.

Os novos tipos organizacionais mais comuns são a **organização por equipas de projeto**, **organização virtual** e **organização que aprende**.

A organização por equipas é formada quase exclusivamente por equipas-tipo de projeto, com pouca ou nenhuma hierarquia funcional. As pessoas são integradas nas equipas de projecto em função das suas capacidades e das necessidades desses projectos. A autoridade delegada às equipas de projecto é a base das empresas que adotam este tipo de estrutura organizacional.

Bastante próxima da organização por equipas, está a organização virtual. Uma organização virtual tem pouca ou nenhuma estrutura formal. Tem uma equipa de colaboradores permanentes, um órgão de *staff* pequeno e algum apoio administrativo. Como o mercado se altera e como as necessidades da empresa também se alteram em função do mercado, os gestores apostam em colaboradores temporários e recorrem a subcontratação e a *outsourcing* quando for necessário. Se a situação mudar e a empresa crescer, alguns colaboradores temporários passam a efectivos e outros abandonam a empresa. A organização virtual existe só para dar resposta às suas próprias necessidades. Se as condições do mercado mudarem, a empresa tem a capacidade de se adaptar rapidamente, mudando também a sua estrutura.

A Figura 2.17 mostra a estrutura de uma organização virtual:

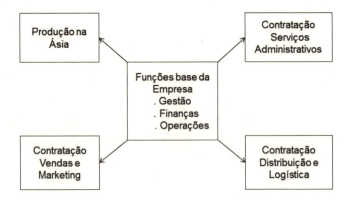

Figura 2.17 Organização Virtual

A organização que aprende (*learning organization*) procura integrar na organização a aprendizagem e desenvolvimento pessoal de todos os seus colaboradores, enquanto ela própria também procura adaptar-se às alterações da procura e das necessidades dos clientes.

Os principais objectivos das organizações que aprendem são procurar atingir uma qualidade superior para os seus produtos ou serviços, melhorar continuamente a gestão e melhorar o desempenho. A ideia subjacente ao conceito de organização que aprende é melhorar constantemente as capacidades e o conhecimento dos seus colaboradores. Se cada trabalhador aprender todos os dias uma coisa nova e se a aplicar no seu trabalho, então haverá melhoria contínua no desempenho da empresa.

Resumo do Capítulo

Monitorizar o ambiente externo é apenas uma parte da análise do meio envolvente das organizações. A análise da envolvente externa para detetar as oportunidades e ameaças do mercado não é suficiente para ganhar vantagem competitiva.

Para além da análise externa, os gestores precisam também de analisar o ambiente interno da organização, para identificar os fatores críticos de sucesso, como os recursos disponíveis, as capacidades e as competências existentes na organização e averiguar se uma organização será capaz de ganhar vantagem competitiva sobre os concorrentes.

O sucesso ou insucesso de uma organização pode ser influenciado pelo ambiente interno, pelas oportunidades e ameaças do meio ambiente externo ou pela ação simultânea de ambos e pela adequação da cultura e da estrutura da organização às incertezas e necessidades do meio envolvente.

A análise cuidadosa da cadeia de valor de uma organização permite aos gestores encontrarem resposta para as questões seguintes:

1. Quais os trunfos e fraquezas da organização?
2. Como pode a organização ganhar e manter vantagem competitiva sobre os concorrentes?

A resposta a estas questões só poderá ser encontrada se os gestores analisarem cuidadosamente a cadeia de valor da organização. Só pela análise da cadeia de valor é possível perceber em que fases do processo produtivo a empresa cria ou destrói valor e tomar as medidas corretivas adequadas para ultrapassar essas dificuldades.

Uma empresa pode ter várias linhas de produtos ou serviços, mas só uma ou algumas delas podem estar a contribuir para obtenção de lucro e criação de valor, enquanto outras podem estar a gerar prejuízos e a destruir valor. Daí a importância da análise interna da empresa.

Em relação ao ambiente interno analisou-se o papel da cultura organizacional na forma como os colaboradores interagem entre si e como se empenham nos objetivos organizacionais e a sua influência na gestão das organizações. Foi também analisada a importância da estrutura organizacional no desempenho das organizações e como fonte de vantagem competitiva.

Neste capítulo analisamos também a função organização como uma importante tarefa dos gestores e foi analisada a forma como tornar mais eficaz e mais eficiente a utilização dos recursos humanos, através do desenho da estrutura organizacional, com vista a atingir os objetivos.

Foi identificada a finalidade da existência de uma estrutura organizacional – dividir as atividades organizacionais, alocar os recursos, tarefas e objetivos e coordenar e controlar as atividades para que os objetivos sejam atingidos. Um desenho adequado da estrutura organizacional pode trazer benefícios para a organização, como maior eficiência, acesso a recursos especializados, estimulação da inovação e criação de flexibilidade operacional e ter impacto no desempenho, através da motivação, empenhamento e lealdade dos colaboradores e fomentar a interligação das atividades.

Foram apresentadas as componentes base da estrutura organizacional e comparadas as principais configurações teóricas que as estruturas organizacionais podem adotar, como as estruturas funcional, divisional e matricial.

Questões

1. Qual a relevância da teoria baseada nos recursos para a gestão estratégica?
2. Quais são os prós e os contras em usar a curva de experiência para determinar a estratégia de uma organização?
3. Indique e explique quais das seguintes vantagens competitivas são sustentáveis, segundo a teoria associada à dificuldade de imitação:
   a. Uma empresa de refrigerantes lança uma nova linha de produtos com sabores exóticos.
   b. Uma empresa produtora de automóveis lança uma campanha inovadora de marketing.
4. A inflexibilidade é uma ameaça à sustentabilidade da vantagem competitiva?
5. Deve uma empresa ter competências nucleares? Algumas competências são competências distintivas? Justifique.
6. Deve uma empresa ter vantagem competitiva? Porquê?
7. Qual será o futuro previsível de uma empresa se continuar a percorrer o mesmo caminho que tem vindo a seguir?
8. Como pode a análise da cadeia de valor ajudar a identificar as forças e fraquezas de uma empresa.
9. Defina cultura organizacional e explique a sua importância para a gestão?
10. Uma cultura forte é sinal de eficiência? Justifique.

Referências

Barney, J. B. (2014), Gaining and Sustaining Competitive Advantage, Fourth Edition, Pearson Education, Edinburg Gate, Essex, England.

Grant, R. M. (1991), The Resource-Based Theory of Competitive Advantage: Implications for Strategy Formulation, California Management Review, 99, Spring pp. 114-135

Grant, R. M. (1996), Toward a Knowledge-Based Theory, Strategic Management Journal, Vol. 17 (winter special issue), pp. 109-122.

Olson E., Slater S. & Hult G. (2005) The Performance Implications of Fit Among Business Strategy, Marketing Organization Structure, and Strategic Behavior. Journal of Marketing: July 2005, Vol. 69, No. 3, pp. 49-65.

Peteraf, M. A. & Barney, J. (2003), Unraveling The Resource-Based Tangle, Managerial and Decision Economics, Vol. 24, pp. 309-323.

Porter, M. (1980), Competitive Strategy: Techniques for Analyzing Industries and Competitors, The Free Press, New York.

Prahalad, C. K. & Hamel, G. (1990), The Core Competence of the Corporation, Harvard Business Review, Vol. 68, Nº 31, May-June, pp. 79-91.

Robbins, S. P. & Coulter, M. (2014). Management, Twelfth Edition, Pearson Education, Inc. Upper Side River, New Jersey.